AL LEONARD — MÉTHODE DE GUITARE – VOLUME 2

PAR WILL SCHMID ET GREG KOCH

L'Accord de Am 2
   Sinner Man 2
Les Noires Pointées 3
L'Accord de Dm 4
Les Syncopes 5
   Joshua Fought the Battle of Jericho 5
   Rock-a-My-Soul 6
   Jamaica Farewell 7
L'Accord de A 8
La Tonalité de D 9
   Oh, Mary Don't You Weep 9
   De Colores 10
Fins de Morceaux 11
   Angels We Have Heard on High 11
   Catchy Riff 11
Deuxième Position 12
   Marianne 12
   Riff Blues/Rock 13
La Note A Aiguë 13
   The Wabash Cannonball 13
L'Accord de E 14
   La Bamba 14
La Tonalité de A 15
   Joy to the World 15
Les « Power Chords » 16
La Tablature 17
   Steady Groove 17
Le « Shuffle » 18
   Power Chord Shuffle 18
   Midnight Special 19
Le Blues 20
   Blues en A 20
   C.C. Rider 20
   Riff Shuffle 21
La Tonalité de Am 22
   Wayfaring Stranger 22
   Hava Nagila 23
Le Style « Fingerpicking » 24
   Swing Low, Sweet Chariot 25
   Scarborough Fair 26
   The Water Is Wide 27

L'Accord de F 28
   Picking Chords 28
   House of the Rising Sun 29
Solos dans le Style Carter 30
   Row, Row, Row Your Boat 30
   Man of Constant Sorrow 30
   Wildwood Flower 31
Lignes de Basse 32
   Goin' Down the Road 33
L'Accord de B7 34
   We Three Kings 34
La Tonalité de E 35
   By the Waters of Babylon 35
   Battle Hymn of the Republic 35
Les Triolets 36
   Jésus, Que ma Joie Demeure 36
   Deep Blues 37
   Lost in the Shuffle 37
La Gamme Pentatonique 38
   Plan Rock 38
   Plan Country/Rock 38
   Plan Hard Rock 38
   Plan Bluegrass 39
   Plan Country 39
   Plan Blues 39
   Plan Rock 'n' Roll 39
   Plan Blues/Rock 40
Solo de Guitare Pentatonique 40
L'Improvisation 41
   Open Jam 41
« Power Chords » Transposables 42
   Riff Pop 43
   Riff Rock Ancien 43
   Riff Hard Rock 43
   Riff Pop/Rock 43
   Riff Rockabilly 44
   Riff Rock Classique 44
   Riff Rock Heavy 44
L'Étouffement de Paume 45
   Muted Groove 45
   Accented Rhythm 45
   Grand Finale 46

ISBN 978-0-634-08722-6

HAL•LEONARD® CORPORATION
7777 W. BLUEMOUND RD. P.O. BOX 13819 MILWAUKEE, WI 53213

Visitez le site Hal Leonard sur
www.halleonard.com

L'ACCORD DE Am

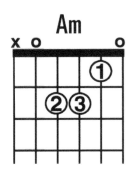

Am

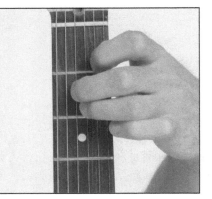

Pratiquez les changements d'accord dans les exemples suivants. Jouez lentement et bien régulièrement, sans hésiter en passant d'un accord à un autre.

1 | Am | G | Am | G |

2 | Am | Em | Am | Em |
continuez en jouant le même schéma rythmique

3 | C | Am | C | G |
continuez en jouant le même schéma rythmique

NOTES POUR VOUS ACCORDER

PISTE 1

SINNER MAN

Traditionnel

PISTE 2

4 | Am | | G | |

| Am | | Em | Am |

LES NOIRES POINTÉES

Vous savez déjà qu'un point placé après une note augmente sa valeur de moitié.

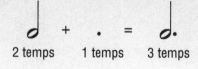

Un point placé après une noire accroît aussi sa valeur de moitié.

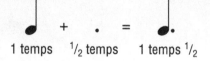

Pratiquez le riff (ndt - « leitmotiv ») ci-dessous, qui illustre les noires pointées.

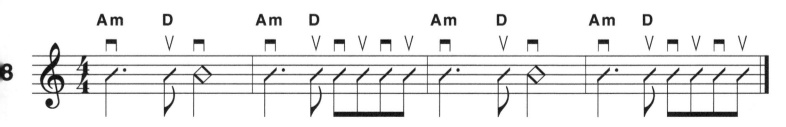

L'ACCORD DE Dm

Dm

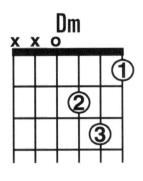

continuez en jouant le même schéma rythmique

DEMI-SOUPIR

Le silence équivalent à la croche, nommé demi-soupir, s'écrit comme ceci :

Vous pouvez ici relever les doigts de main gauche hors de l'accord ou étouffer les cordes avec votre main droite.

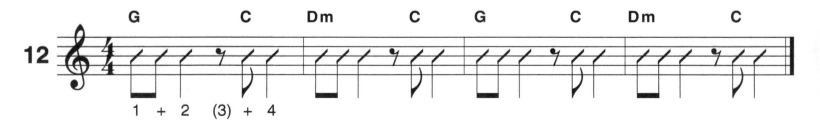

LES SYNCOPES

Une **syncope** s'effectue en accentuant les notes sur le « et » du temps. Cette accentuation peut résulter d'une liaison ou d'un placement des noires hors des temps.

Utilisez l'attaque aller-retour dans les exercices suivants. Les chiffres entre parenthèses indiquent que ne devez pas attaquer la corde, et seulement laisser le son résonner. En procédant ainsi, le schéma syncopé sera joué avec l'attaque de médiator correcte.

Voici deux rythmes syncopés courants. Pratiquez-les avec divers accords.

JOSHUA FOUGHT THE BATTLE OF JERICHO

Spiritual Afro-Américain

PISTE 3
LENT & RAPIDE

Dans la chanson suivante, jouez d'abord la mélodie ; puis chantez en attaquant les accords.

PISTE 4
LENT & RAPIDE

ROCK-A-MY-SOUL

Spiritual Afro-Américain

Dans l'exemple suivant, relâchez la pression main gauche quand survient un demi-soupir.

22

23

PISTE 5

JAMAICA FAREWELL

Traditionnel des Caraïbes

24

L'ACCORD DE A

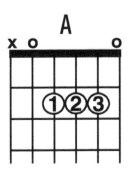

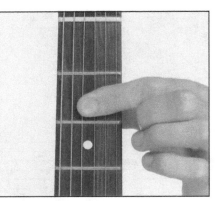

Doigté Optionnel (la corde 1 n'est pas jouée)

Sur chaque silence dans l'exemple suivant, essayez d'étouffer les cordes avec les doigts main gauche.

Voici un autre type d'effet d'étouffement. En attaquant l'accord qui doit être étouffé (X), bloquez les cordes avec votre paume une demi- seconde avant de donner le coup de médiator.

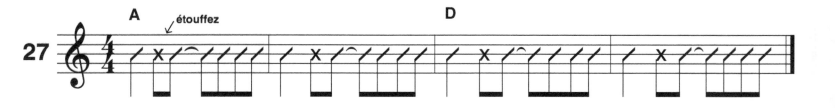

Tonalité est synonyme de centre tonal d'une chanson, les chansons se terminant habituellement sur la note de leur tonalité centrale. Jusqu'ici, vous n'avez joué que dans les tonalités de C (aucun dièse ni bémol) et de G (un dièse).

LA TONALITÉ DE D

L'armure de la tonalité de D possède un F dièse et un C dièse. Tous les F et tous les C doivent donc être joués un demi-ton (case) plus haut.

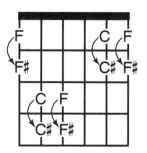

PISTE 6

OH, MARY DON'T YOU WEEP

Spiritual Traditionnel

9

EXERCICE POUR L'AURICULAIRE

Vous allez muscler votre petit doigt en jouant ces exercices.

Un signe de **bécarre** (♮) annule un dièse placé à l'armure pour le restant de la mesure.

PISTE 7

DE COLORES

Chanson populaire Mexicaine

FINS DE MORCEAUX

La chanson suivante présente une première et une deuxième fin, indiquées par les encadrements où figurent les chiffres 1 et 2.

Quand vous atteignez le signe de reprise (:‖) pour la première fin, remontez au début. Arrivé à la deuxième fin, sautez la première fin et passez directement à la toute fin.

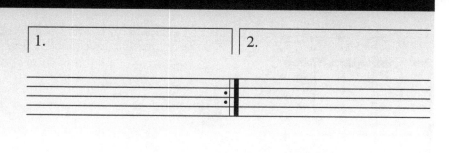

DEUXIÈME POSITION

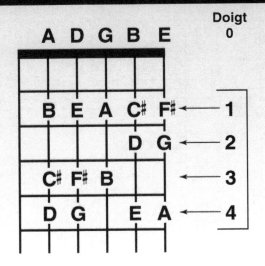

Dans le Volume 1 et jusqu'à ce point du Volume 2, vous avez joué en **première position**, avec l'index à la première case, le médius à la seconde, et ainsi de suite. Le nom de votre position de doigt est fonction de l'endroit où se positionne votre index.

Si l'index est placé à la deuxième case, comme indiqué par le diagramme à gauche, vous jouerez donc en **deuxième position**. Les médius, annulaire et petit doigt frettent les cases 3, 4 et 5, comme indiqué.

Observez que les notes à vide peuvent aussi être jouées à un autre endroit du manche.

Le principal avantage du jouer en deuxième position repose sur l'aisance avec laquelle certains passages peuvent être doigtés.

Pratiquez la chanson ci-dessous en deuxième position, en utilisant à la fois les cordes à vide et leur équivalents frettés sur le manche.

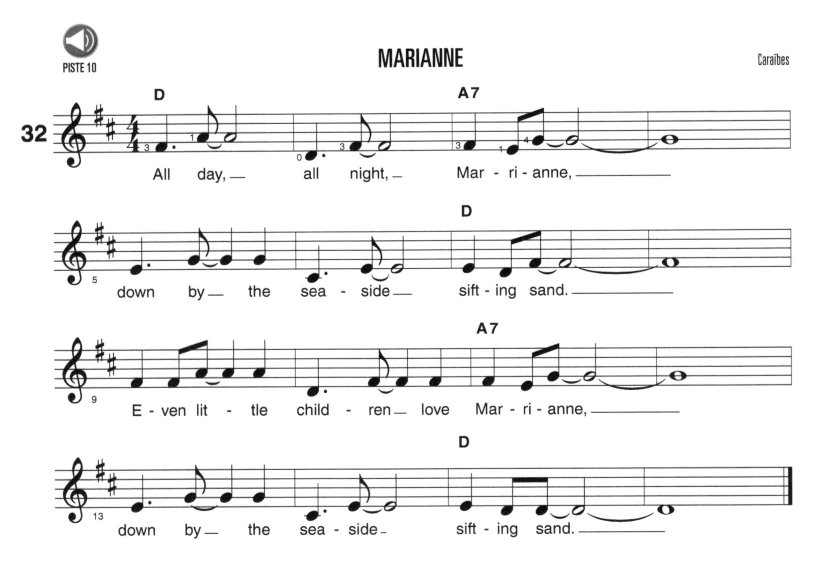

Après avoir joué la mélodie de « Marianne », essayez de jouer quelques-unes des attaques syncopées que vous connaissez déjà. Vous pouvez aussi revenir aux pages 10 et 11 et jouer ces mélodies en deuxième position.

Certaines chansons sont jouées dans plus d'une position. Le morceau suivant passe alternativement de la première à la deuxième position.

RIFF BLUES/ROCK

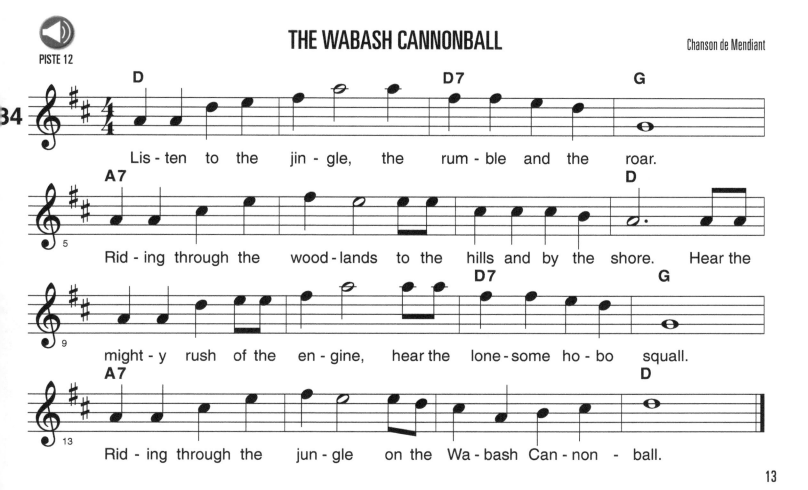

LA NOTE A AIGUË

Jouez cette nouvelle note, A, avec votre petit doigt en deuxième position.

A aigu

THE WABASH CANNONBALL

Chanson de Mendiant

Lis - ten to the jin - gle, the rum - ble and the roar.

Rid - ing through the wood - lands to the hills and by the shore. Hear the

might - y rush of the en - gine, hear the lone - some ho - bo squall.

Rid - ing through the jun - gle on the Wa - bash Can - non - ball.

L'ACCORD DE E

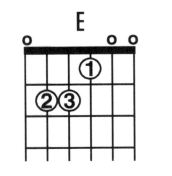

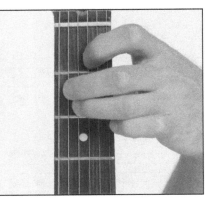

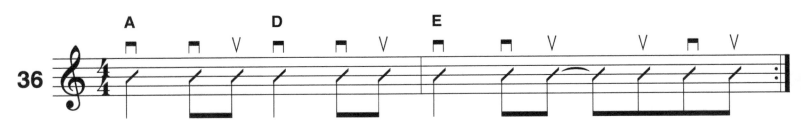

LA BAMBA

Traditionnel Latin

PISTE 13

Pa - ra bai - lar La bam - ba. Pa - ra bai - lar La bam -

ba. Se ne - ce - si - ta u - na po - co de gra - cia.

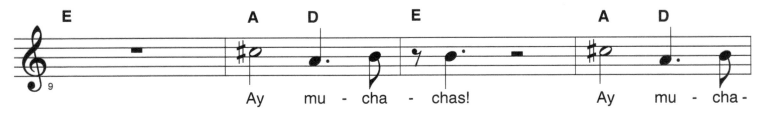

Ay mu - cha - chas! Ay mu - cha -

chos! Ay mu - cha - chos! Bai - lar La bam - ba!

LA TONALITÉ DE A

La tonalité de A possède trois dièses : F dièse, C dièse et G dièse. Étudiez le diagramme ci-dessous pour apprendre où les nouvelles notes G# se jouent.

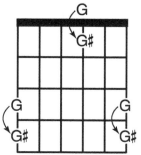

Jouez « Joy to the World » en deuxième position.

PISTE 14

JOY TO THE WORLD

Handel

LES « POWER CHORDS »

Les « **power chords** » (ndt. - couramment et littéralement « accords de pêche, de puissance ») sont très souvent utilisés dans le rock et les diversesautres musiques actuelles. Tandis que la plupart des accords possèdent trois ou notes, les power chords n'en ont que deux. Notez par ailleurs que les power chords se notent vec le suffixe « 5 ».

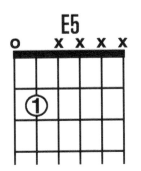

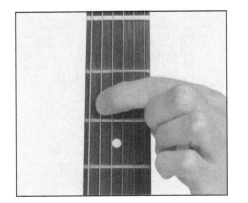

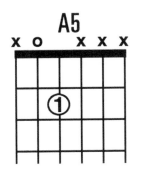

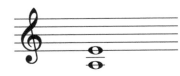

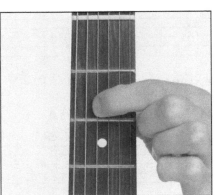

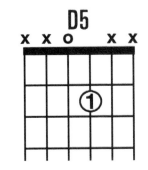

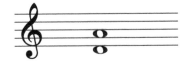

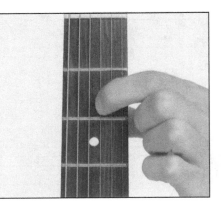

LA TABLATURE

La **tablature** est un graphique du manche de la guitare. Chaque ligne horizontale représente une corde, et chaque chiffre représente un numéro de case.

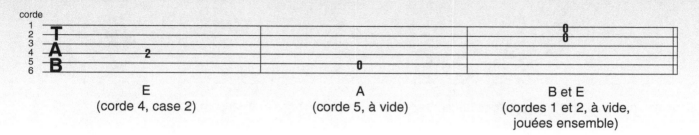

E	A	B et E
(corde 4, case 2)	(corde 5, à vide)	(cordes 1 et 2, à vide, jouées ensemble)

La portée musicale et la tablature délivrent toutes deux les mêmes informations. Pratiquez en lisant les deux.

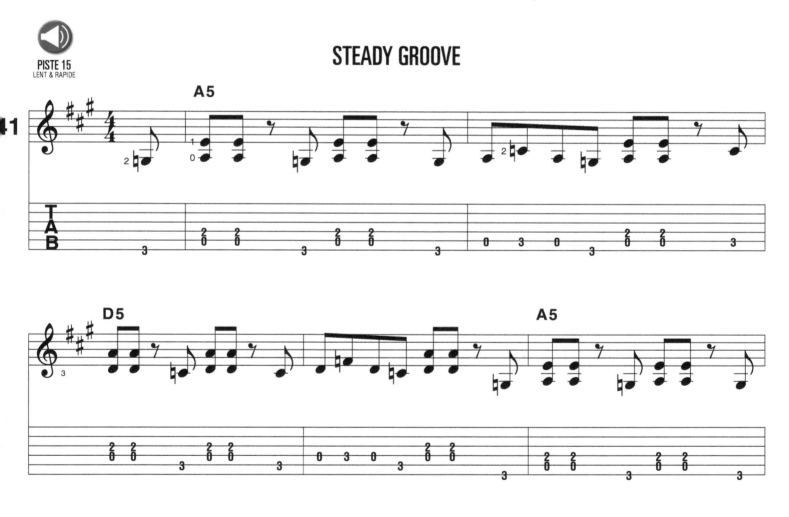

STEADY GROOVE

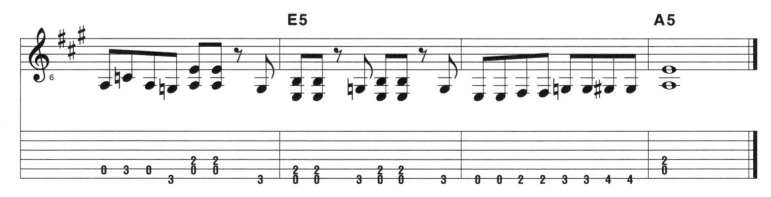PISTE 15
LENT & RAPIDE

LE « SHUFFLE »

Dans les styles traditionnels tels que le blues et le jazz, les croches sont jouées de façon inégale : la première note est jouée deux fois plus longtemps que la seconde.

1 - 2 3
long court

En jouant les croches de cette façon, vous obtiendrez l'effet « shuffle » (ndt. - « balancement ») désiré.

POWER CHORD SHUFFLE

PISTE 16
LENT & RAPIDE

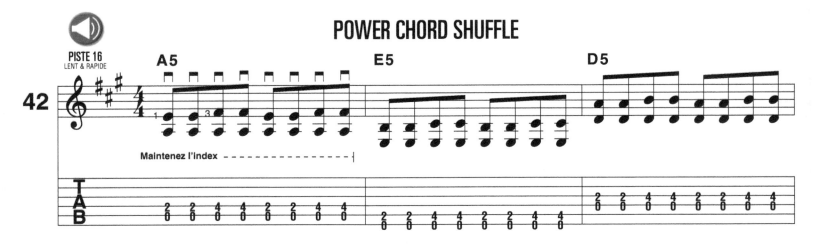

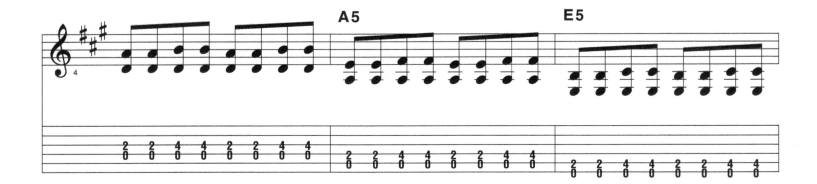

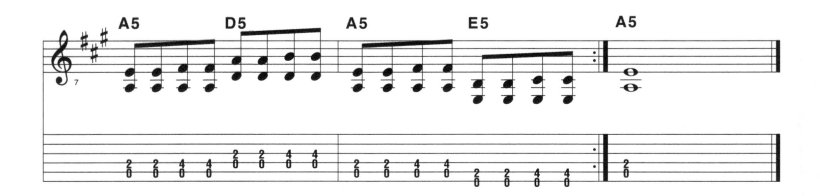

Pratiquez la chanson que voici en utilisant l'accompagnement shuffle en power chords que vous venez d'apprendre. Ou bien, jouez la mélodie en utilisant le rythme shuffle.

MIDNIGHT SPECIAL

Chanson de Prisonnier

Essayez de jouer « Midnight Special » en continuant d'utiliser un rythme à croches égales.

LE BLUES

Le style blues est apparu au début des années 1900, sous l'influence des afro-américains du delta du Mississippi. Et il en est rapidement venu à occuper un rôle important dans le jazz, le rock, la country, et d'autres formes de musique populaire.

La struture typique du blues compte douze mesures. Et nombre de **blues 12-mesures** admettent la progression d'accords ci-dessous. Utilisez là l'accompagnement shuffle en power chords.

BLUES EN A

PISTE 19

C.C. RIDER

PISTE 20

Traditionnel

RIFF SHUFFLE

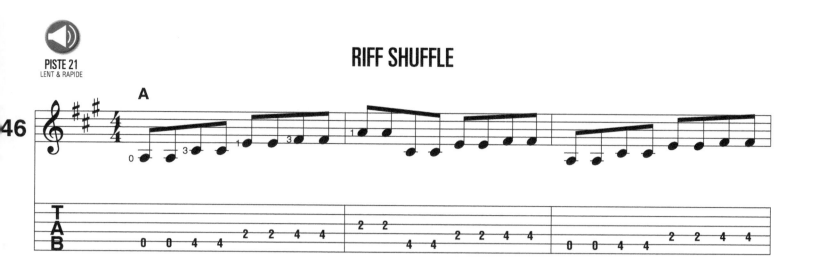

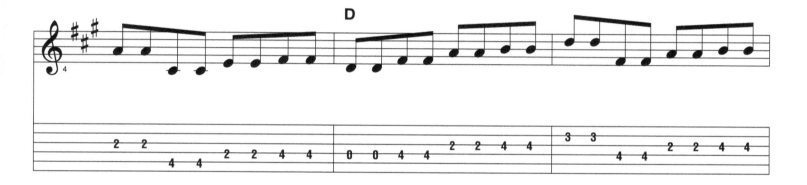

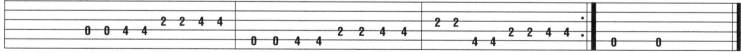

LA TONALITÉ DE Am

L'armure de la **tonalité de A mineur** ne présente aucun dièse ni bémol. La tonalité de A mineur est dite la **mineur relative** de celle de C majeur parce qu'elle admet la même armure. La tonalité mineure relative se situe toujours deux notes plus bas (C-B-A) que la tonalité majeure qui lui correspond.

« Wayfaring Stranger » est un « spiritual » sacré bien connu du Sud des États-Unis.

Lorsqu'un G# est ajouté à la gamme mineure naturelle de A, le résultant se nomme gamme **mineure harmonique**. Trouvez toutes les notes G# (une case plus haut que G, ou une case plus bas que A) avant de jouer « Hava Nagila ». Notez que ce morceau accélère le tempo à la reprise, puis ralentit sur la dernière ligne.

HAVA NAGILA

PISTE 23

Danse Israélienne

LE STYLE « FINGERPICKING »

Le fingerpicking est un style d'accompagnement de guitare très populaire qui emploie des arpèges (accords brisés) au lieu d'attaques compactes. L'effet caractéristique du fingerpicking est produit par le pouce et les doigts jouant en alternance sur les cordes qui leur sont assignées.

La codification des doigts main droite utilisée dans ce livre repose sur le système internationalement adopté de lettres et mots espagnols :

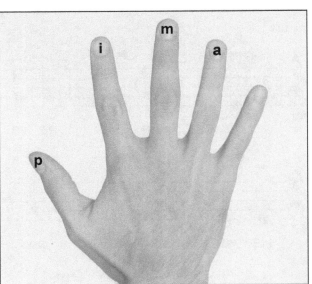

p	pulgar	=	pounce
i	indice	=	index
m	medio	=	médius
a	anular	=	annulaire

Prenez connaissance des informations suivantes pour apprendre à jouer en style fingerpicking :

- Le pouce (p) actionne les cordes 4, 5 et 6 selon les divers cas de basses à jouer. Ce mouvement est effectué vers le bas, en attaque descendante. Utilisez la tranche gauche du pouce et son ongle.

- Les autres doigts (i, m, a) actionnent la corde en une attaque ascendante avec le gras de l'extrémité et l'ongle.

- L'index (i) actionne toujours la corde 3.

- Le médius (m) actionne toujours la corde 2.

- L'annulaire (a) actionne toujours la corde 1.

Le pouce et tous les doigts n'actionnent qu'une corde par attaque et ne grattent pas plusieurs cordes. Laissez les cordes résonner durant toute la durée de l'accord.

LA POSITION DE MAIN DROITE

Tenez le poignet haut ; arrondissez votre paume comme si vous teniez une balle de ping-pong. Placez le pouce loin des autres doigts, et laissez ceux-ci faire le travail plutôt que de lever toute votre main. Examinez la photographie ci-contre.

Pratiquez les schémas de fingerpicking ci-dessous. Tâchez d'obtenir un son uniforme sur chaque corde.

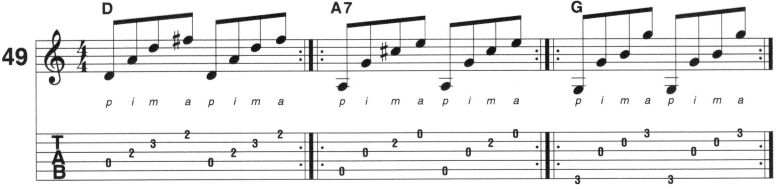

SWING LOW, SWEET CHARIOT

Spiritual Afro-Américain

Le schéma de fingerpicking employé dans « Scarborough Fair » est couramment employé pour les chansons à 3 temps.

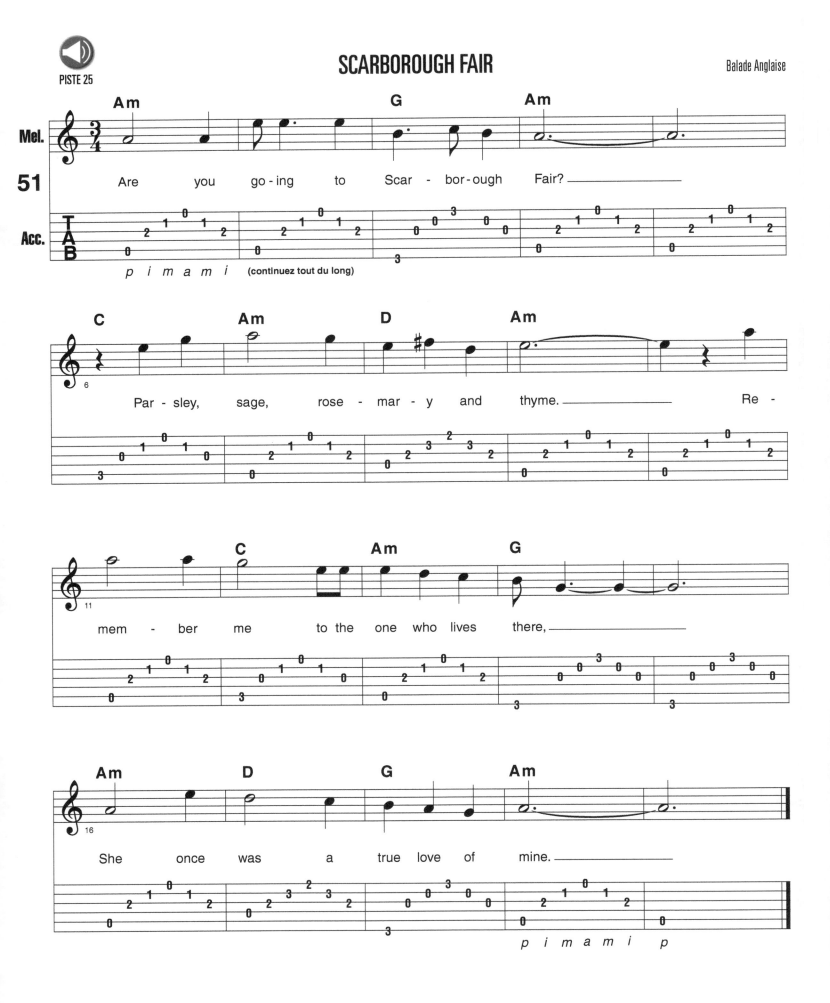

SCARBOROUGH FAIR

Balade Anglaise

PISTE 25

51

L'accompagnement fingerpicking de « The Water Is Wide » fait usage de deux nouveaux accords : **Bm/A** (B mineur avec une bsse de A) et **Dsus2** (D, plus la première corde à vide) qui sont faciles à jouer. Ci-dessous, étudiez le diagramme de chacun de ces accords avant de jouer l'accompagnement.

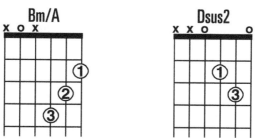

THE WATER IS WIDE

Chanson Folklorique Anglaise

PISTE 26

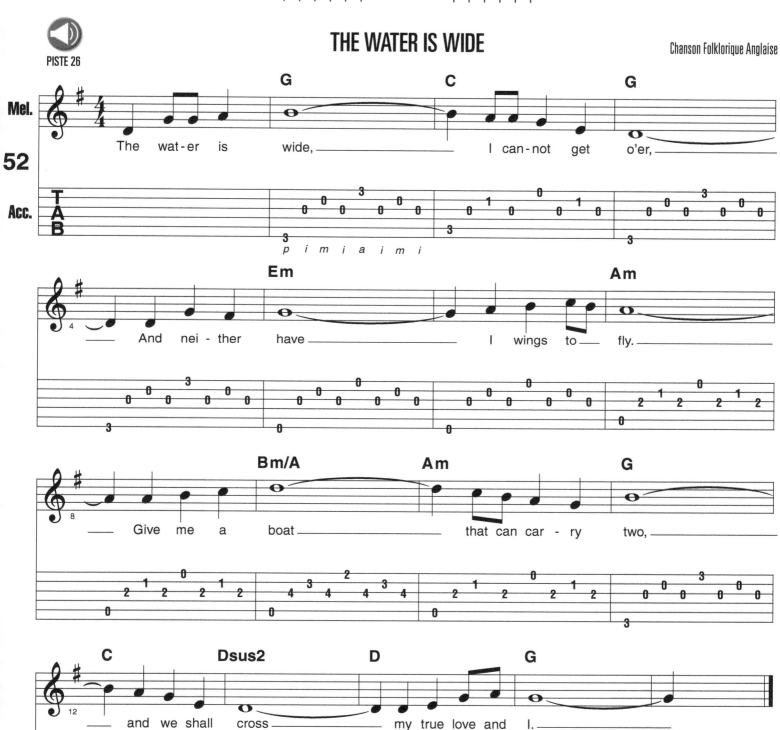

L'ACCORD DE F

À la différence des autres accords que vous avez joué, l'accord de F présente deux cordes frettées avec un seul doigt. L'index forme une petite **barre** sur les cordes 1 et 2. Vous constaterez qu'il est plus facile d'incliner légèrement ce doigt de façon à ce que les cordes soient frettées par l'extérieur plutôt que l'intérieur de l'index.

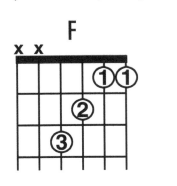

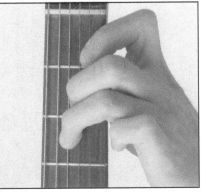

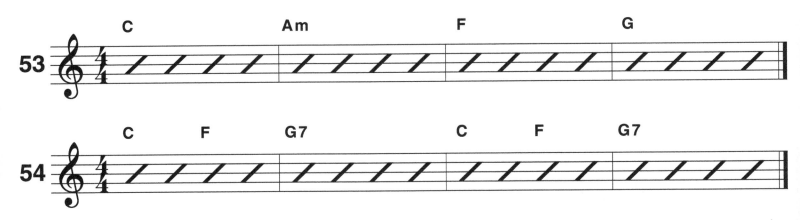

L'autre façon de jouer les arpèges est d'employer le médiator. Essayez ceci dans la chanson suivante.

PISTE 27

PICKING CHORDS

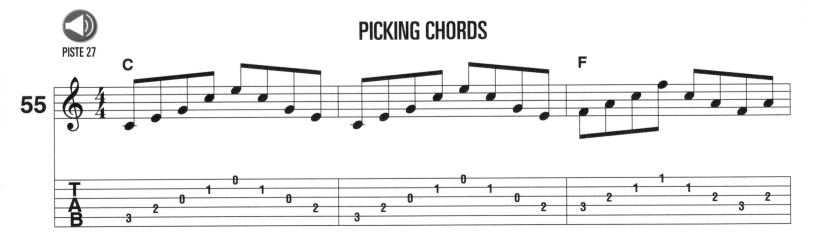

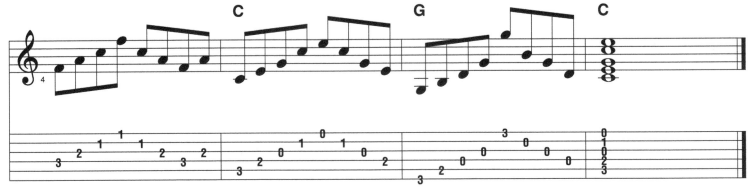

28

Jouez l'accompagnement de « House of the Rising Sun » tantôt avec le médiator, tantôt en fingerpicking.

HOUSE OF THE RISING SUN

Balade Américaine

SOLOS DANS LE STYLE CARTER

Le célèbre style Carter fut popularisé par la légendaire guitariste country Maybelle Carter, de la famille Carter. La mélodie est ici jouée sur les cordes graves, et les respirations de la mélodie sont assurées par des attaques d'accords partiels. Accentuez les notes de mélodie et jouez doucement sur les attaques.

ROW, ROW, ROW YOUR BOAT

Traditionnel

PISTE 29

MAN OF CONSTANT SORROW

Balade U.S. du Sud

PISTE 30
LENT & RAPIDE

WILDWOOD FLOWER

Chanson Folklorique des Appalaches

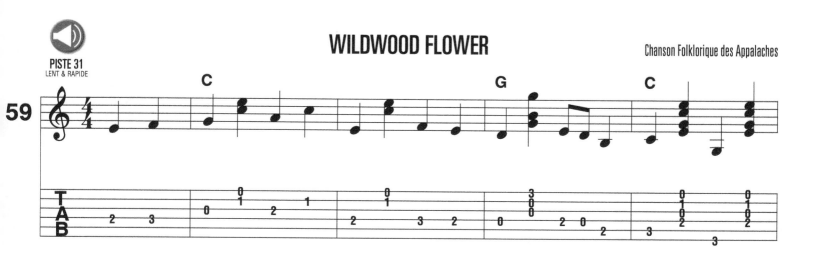

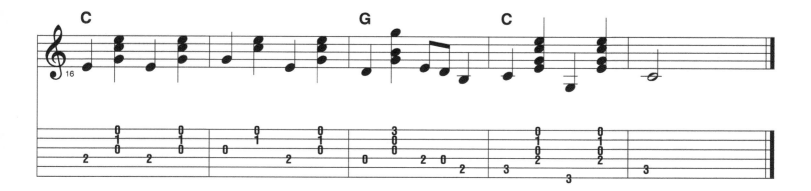

LIGNES DE BASSE

Ici, des **notes graves** sont intercalées entre les accords. Cette ligne de basse confère donc des nuances à votre accompagnement et le propulse d'accord en accord. Pratiquez ces basses entre G et C ou G et D ; puis jouez-les avec le thème « bluegrass » classique, « Goin' Down the Road ».

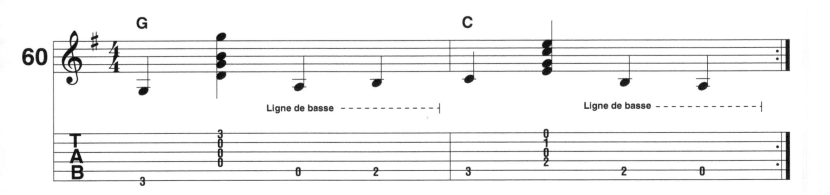

En option pour le passage de G à C : remplacez l'attaque sur le second temps par une autre note de basse.

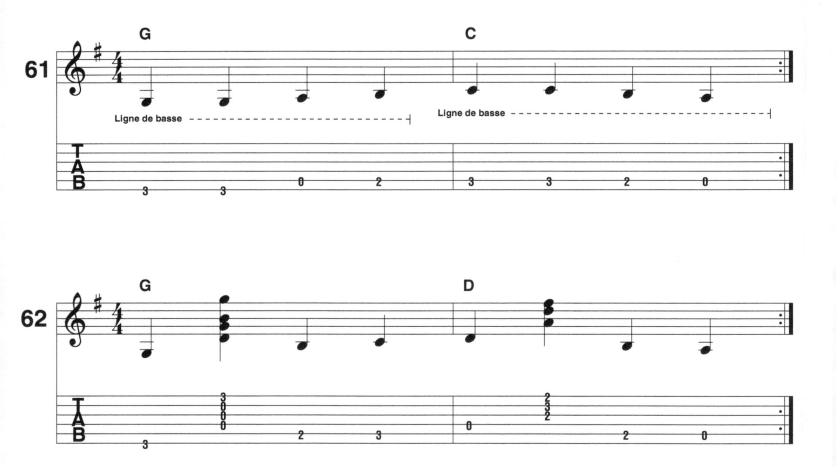

GOIN' DOWN THE ROAD

Bluegrass

2. I'm goin' where those chilly winds don't blow *(3 times)*
I ain't gonna be treated this a-way.

3. I'm goin' where the water tastes like wine *(3 times)*
I ain't gonna be treated this a-way.

L'ACCORD DE B7

Ce B7 est votre premier accord à quatre doigts. Observez que les doigts de seconde case sont placés sur les cordes 1, 3 et 5. Conservez ce schéma en mémoire visuelle, il vous aidera à plaquer rapidement cet accord.

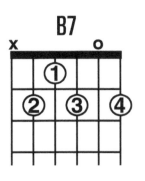

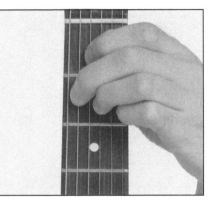

Quand vous passez de E ou Em à B7, laissez votre deuxième doigt en place.

WE THREE KINGS

Traditionnel

We three kings of Or - i - ent are. Bear - ing gifts we trav - el a - far. West - ward lead - ing, still pro - ceed - ing, guide us to yon - der star.

LA TONALITÉ DE E

Sur la guitare, la tonalité de E sonne bien. C'est une tonalité idéale pour chanter et jouer en même temps.

L'armure de la tonalité de E possède quatre dièses : F dièse, C dièse, G dièse et D dièse. Étudiez le diagramme ci-dessous pour apprendre où les nouvelles notes D♯ sont jouées.

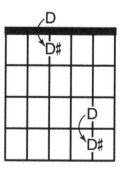

BY THE WATERS OF BABYLON

Chanson des Caraïbes

By the wat-ers of Bab-y-lon, where we sat down,

And there we wept ____ when we re-mem-bered Zi - on. ____

BATTLE HYMN OF THE REPUBLIC

Guerre de Sécession

Glo - ry, glo - ry hal - le - lu - jah.

Glo - ry, glo - ry hal - le - lu - jah.

Glo - ry, glo - ry hal - le - lu - jah, His

truth is march - ing on.

LES TRIOLETS

Les **triolets** subdivisent une unité de temps en trois parties au lieu de deux. Dans les mesures à 4 ou 3 temps, deux croches totalisent un temps, et un triolet de croches aussi.

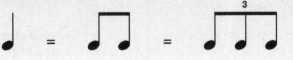

Les croches de triolet sont reliées et codifiées par le chiffre 3. Pour compter un triolet, prononcez simplement le mot « tri-o-let » durant un temps. Marquez la pulsation au pied, et comptez à voix haute :

COMPTEZ :   1   2   tri-o-let   4   tri-o-let tri-o-let   3   4   1   2   &   tri-o-let   4

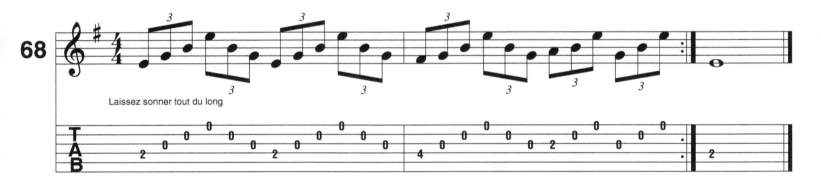

68   Laissez sonner tout du long

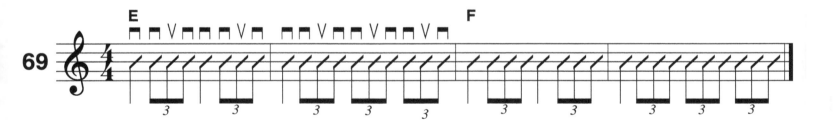

69

PISTE 36

JÉSUS, QUE MA JOIE DEMEURE

Bach

70

36

DEEP BLUES

Les triolets peuvent aussi être appliqués à un blues 12-mesures. Jouez le morceau que voici en deuxième position.

LOST IN THE SHUFFLE

LA GAMME PENTATONIQUE

Les gammes pentatoniques sont largement employées dans les styles blues, rock, country et diverses musiques du monde. La gamme pentatonique (cinq notes) la plus facile à jouer sur la guitare admet les notes E, G, A, B et D. Si vous démarrez cette gamme sur E, elle se nomme E **pentatonique mineure**. Si vous la commencez sur G en utilisant les mêmes notes (relatif majeur), elle se nommera G **pentatonique majeure**.

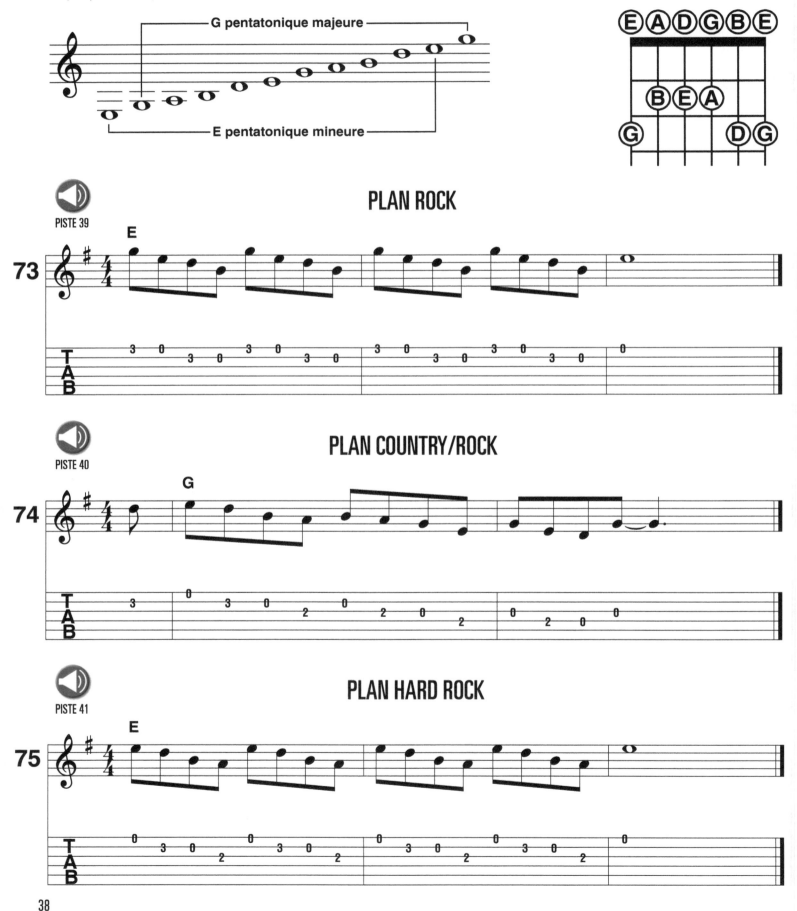

PLAN BLUEGRASS

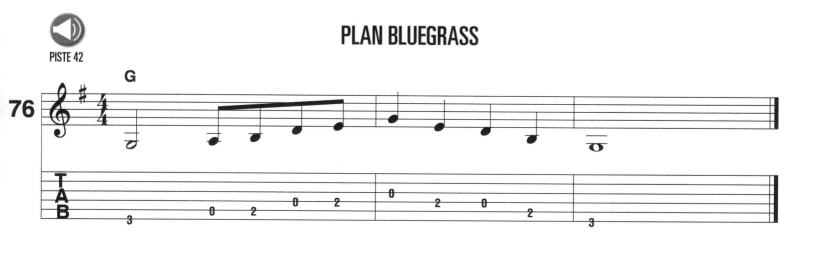

76

PLAN COUNTRY

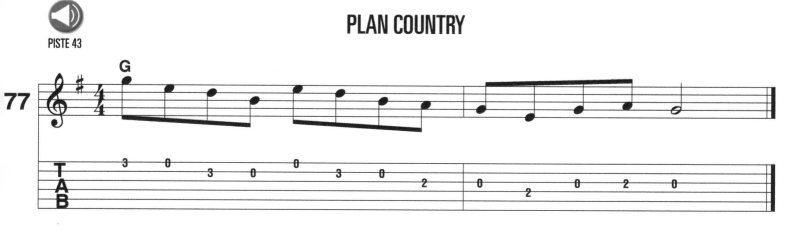

77

PLAN BLUES

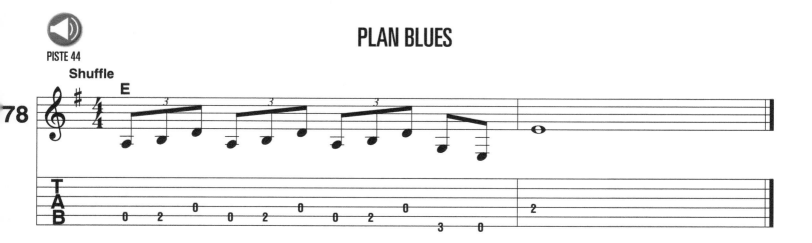

78

PLAN ROCK 'N' ROLL

79

PLAN BLUES/ROCK

PISTE 46

80

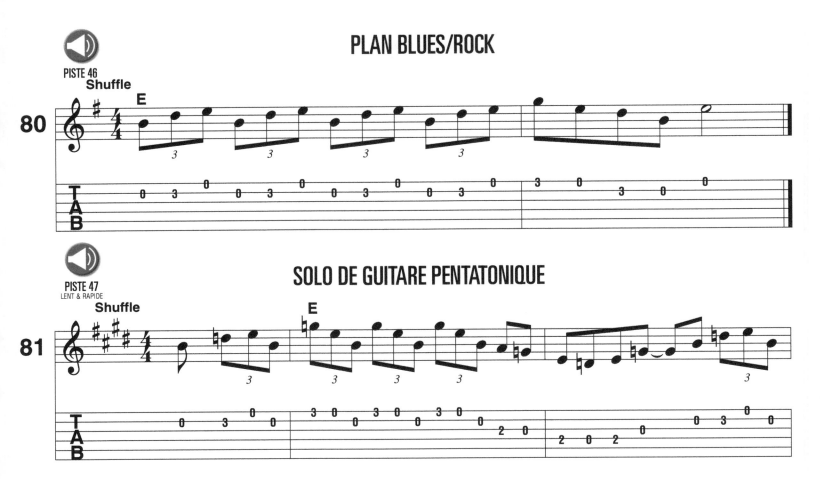

SOLO DE GUITARE PENTATONIQUE

PISTE 47
LENT & RAPIDE

81

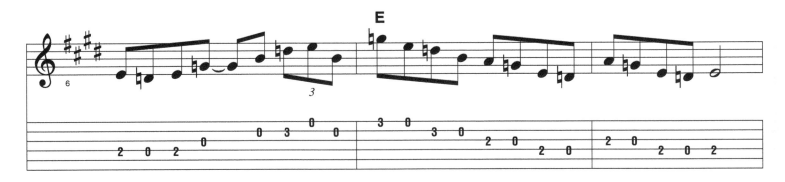

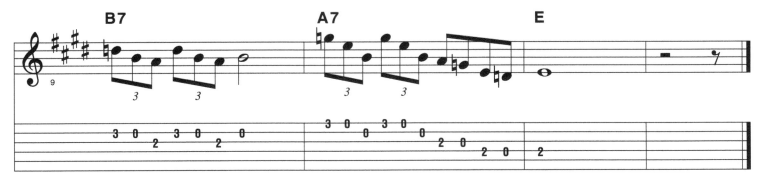

L'IMPROVISATION

Utilisez la gamme de E pentatonique mineure que vous venez d'apprendre pour jouer des solos sur un blues 12-mesures en E. Si vous ne disposez pas du CD, faites tourner en jouant alternativement la rythmique et les solos avec des amis, ou enregistrez vos propres rythmiques par-dessus lesquelles vous jouerez les solos.

CONSEILS POUR L'IMPROVISATION

- **Restez dans le sujet** — Ancrez votre solo sur la tonique (nom lettré) de l'accord du moment.

- **Parcimonie** — Choisissez vos notes avec soin ; quantité n'est pas toujours synonyme de qualité.

- **Expérimentez les rythmes** — Utilisez les syncopes, les triolets et répétez inlassablement les « plans », qui servent à construire des solos intéressants et personnels.

- **Racontez une histoire** — Donnez une forme logique à votre solo : début, milieu et fin.

PISTE 48

OPEN JAM

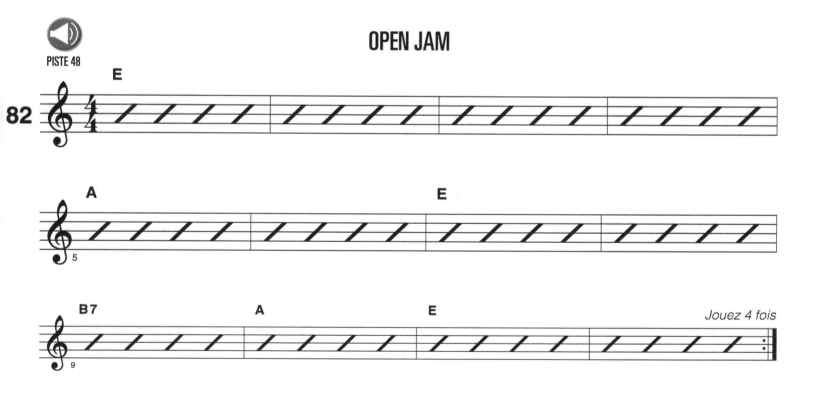

« POWER CHORDS » TRANSPOSABLES

Vous avez appris jusqu'à présent trois power chords (E5, A5 et D5) qui utilisent une corde à vide et l'index. Employez maintenant votre index et votre annulaire pour plaquer un power chord qui peut être déplacé tout au long du manche.

Le nom des diagrammes de power chords transposables ci-dessous est fonction de la position de l'index sur le manche. Vous pouvez employer l'une ou l'autre des cordes 6 et 5, ou 5 et 4 pour jouer ces accords.

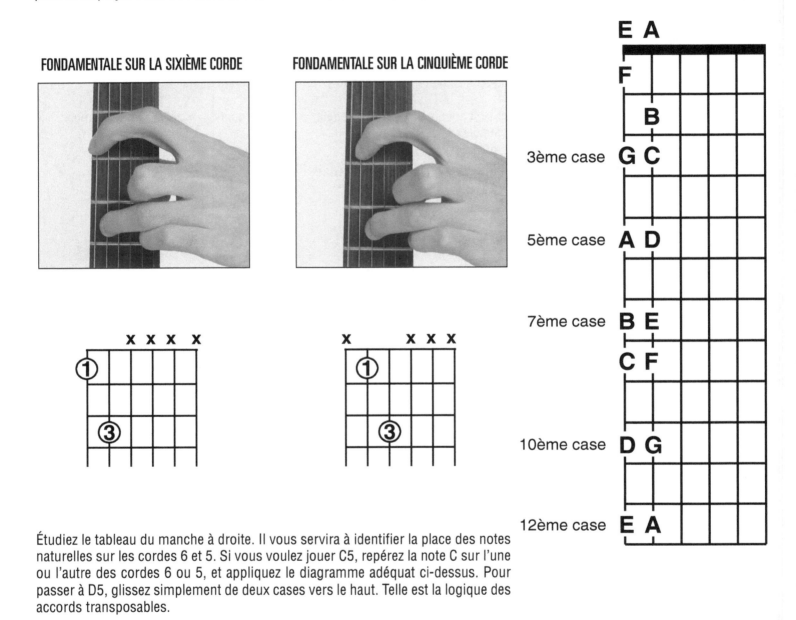

FONDAMENTALE SUR LA SIXIÈME CORDE

FONDAMENTALE SUR LA CINQUIÈME CORDE

Étudiez le tableau du manche à droite. Il vous servira à identifier la place des notes naturelles sur les cordes 6 et 5. Si vous voulez jouer C5, repérez la note C sur l'une ou l'autre des cordes 6 ou 5, et appliquez le diagramme adéquat ci-dessus. Pour passer à D5, glissez simplement de deux cases vers le haut. Telle est la logique des accords transposables.

RIFF POP

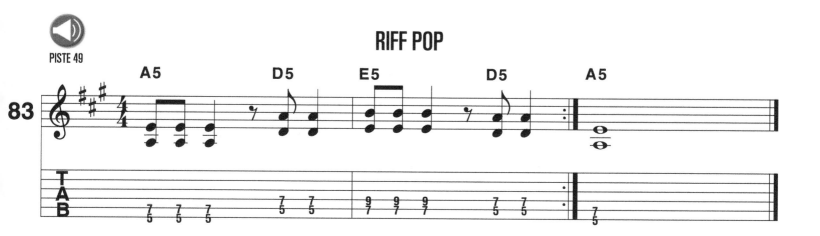

RIFF ROCK ANCIEN

RIFF HARD ROCK

RIFF POP/ROCK

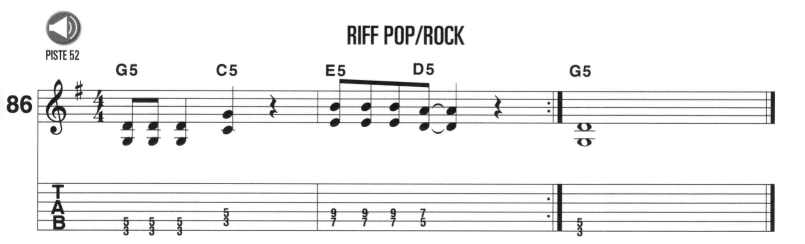

L'exemple suivant emploie les deux power chords transposables, et une position à vide de power chord que vous vous connaissez déjà.

Essayez maintenant ces deux riffs qui mélangent les power chords avec des notes isolées.

L'étouffement de paume est une technique dans laquelle vous placez la paume de la main droite sur le chevalet, de façon à bloquer/étouffer les cordes que vous frettez avec la main gauche. Utilisez cette technique quand vous rencontrez l'abréviation « P.M. » placée sous les notes (entre la portée et la tablature).

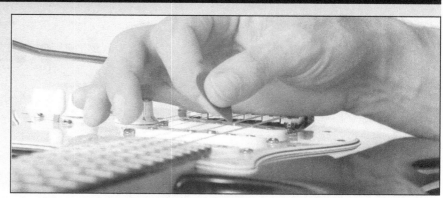

L'étouffement de paume sonne particulièrement bien avec les power chords et un peu de distorsion sur l'ampli. Essayez ceci en jouant les deux exemples suivants.

MUTED GROOVE

PISTE 56

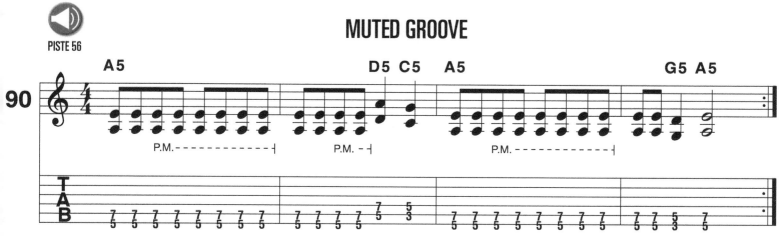

Un **signe d'accentuation** (>) écrit au-dessus ou au-dessous d'une note ou d'un accord indique qu'il faut jouer cette note ou cet accord légèrement plus fort que les autres.

ACCENTED RHYTHM

PISTE 57

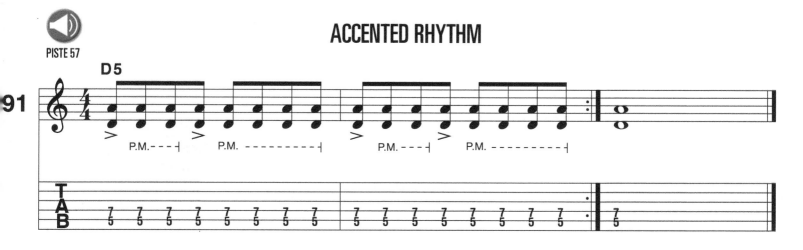

GRAND FINALE

92

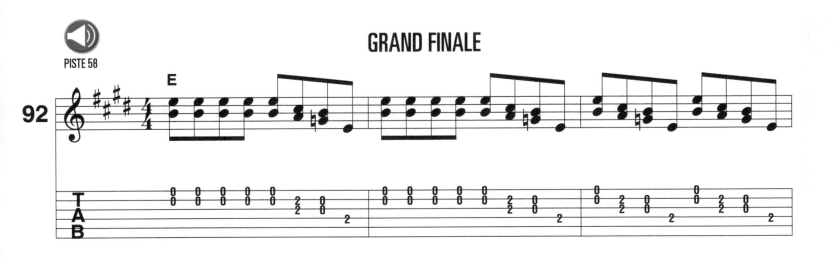

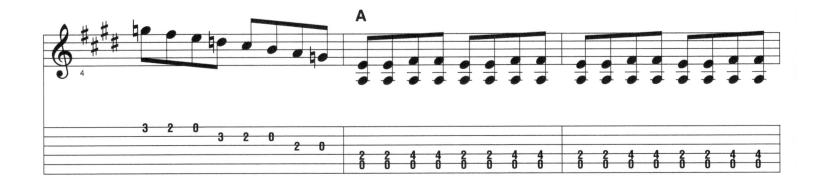

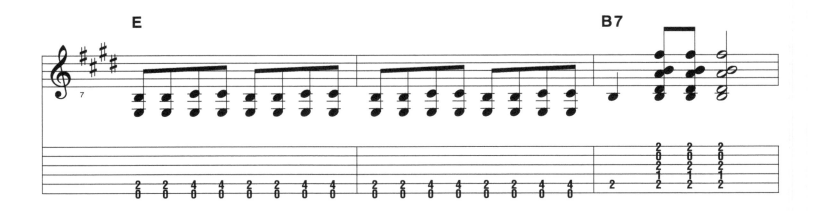

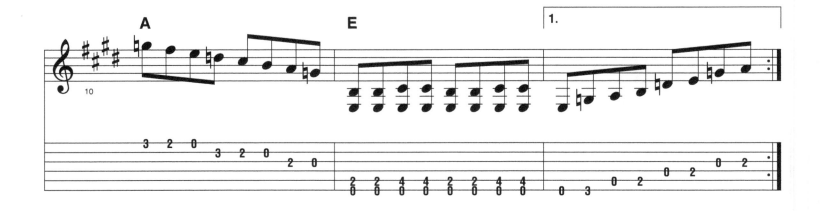

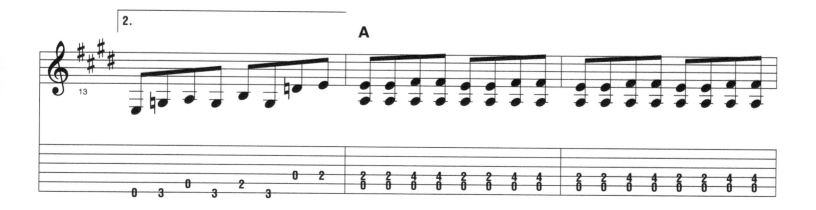

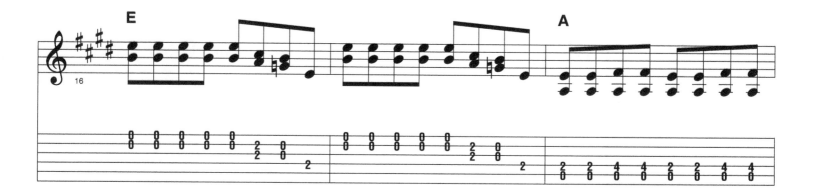

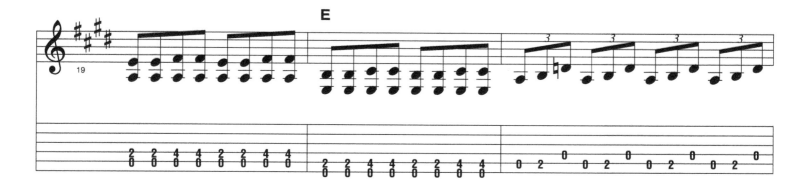

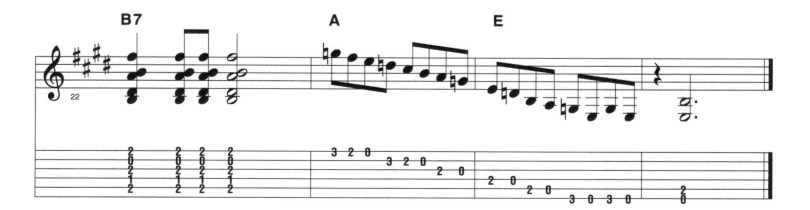